Philippe Schuwer et Dan Grisewood

ont créé cette collection.

Fabienne Fustec a écrit ce livre

avec les conseils de Denis Larpin et

de Jean-Noël Labat, botanistes.

Véronique Herbold a assumé la responsabilité éditoriale.

Christiane Beylier a dirigé les illustrateurs

Catherine Fichaux, Pierre Hézard, Eva Styner, Bernard Duhem,

Jean-Philippe Duponq, et a réalisé la maquette.

Annie Botrel a assuré la fabrication

et Monique Bagaïni, la correction.

Ma Première
ENCYCLOPÉDIE

Distributeur exclusif au Canada : Messageries ADP,
1751 Richardson, Montréal (Québec)

ISBN 978-2-0356-5107-5

Composé par SCP, Bordeaux.
Photogravé par Tecta, Barcelone.
Imprimé en Italie (Printed in Italy) par Canale.
Dépôt légal : juillet 2008
565107/01-11007514

Les **plantes**

LAROUSSE

Entrons dans ce livre

PLANTES À DÉCOUVRIR

LEUR VIE

Plantes

à découvrir

Près de chez nous

Pour découvrir le monde des plantes, regardons simplement autour de nous.

À la campagne, à la mer, à la ville ou à la montagne, les fleurs, les herbes et les arbres nous entourent. Ce sont des végétaux, et il en existe de toutes sortes.

Sur la terre entière

Les plantes partagent notre vie.

Tout comme les hommes s'habillent et s'alimentent selon le pays où ils habitent, les plantes ont réussi à vivre dans de nombreuses régions.

Mais les plantes survivent aussi dans des endroits très rudes où nous ne pouvons pas nous installer.

La renoncule des glaciers (1) vit à haute altitude ; les algues (2) poussent sous l'eau ; le yucca (3) a vaincu la sécheresse.

Toutes différentes

Les végétaux ont des formes et des tailles très variées. Leur tige est fine et souple, ou robuste comme celle de l'arbre, appelée tronc.

Les lentilles d'eau sont les plus petites plantes à fleurs connues.

Les plantes épiphytes
ne vivent pas sur le sol
mais se fixent sur
d'autres végétaux.

La campanule des
murailles grandit
entre les pierres.

Le tronc du palmier
laisse apparaître les
traces laissées par
les feuilles fanées.

Elles sont vivantes

Les poils des racines puisent l'eau et les minuscules aliments existant dans le sol. C'est la sève brute.

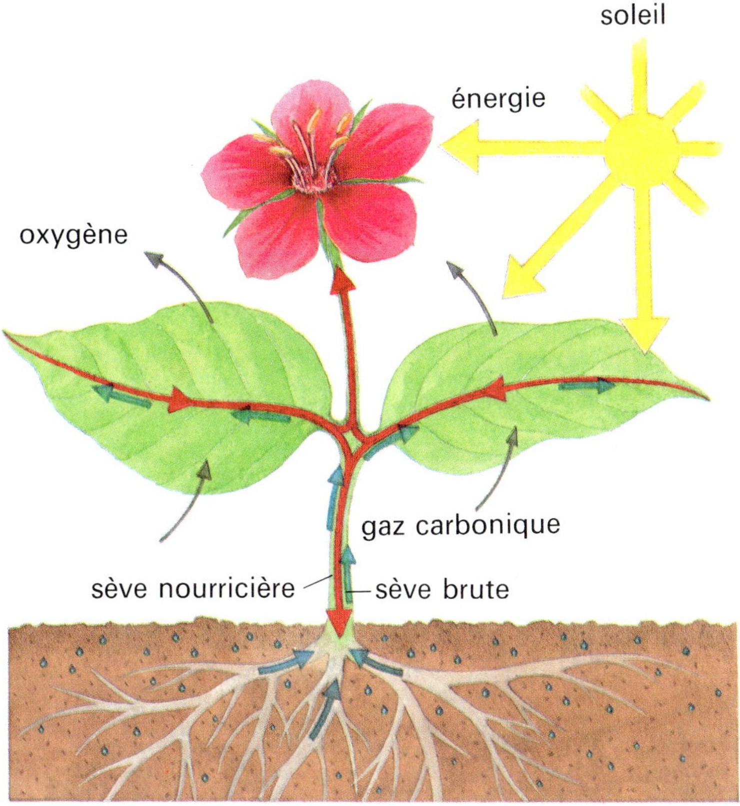

La chlorophylle colore les feuilles en vert. Elle utilise la lumière comme énergie, pour transformer le gaz carbonique (invisible mais présent dans l'air) et l'eau apportée par les racines en sucres ou sève nourricière.
La plante rejette alors un autre gaz : l'oxygène. C'est la photosynthèse.

La sève nourrit toute la plante. Comme nous, la plante respire jour et nuit en utilisant l'oxygène de l'air. Elle transpire aussi, car une partie de l'eau absorbée est rejetée par les feuilles.

Leurs besoins

Pour voir comment la plante transporte l'eau et les aliments, tu peux colorer l'eau d'un vase avec de l'encre rouge et y mettre une fleur blanche.

œillet

Quelques heures plus tard, l'eau teintée a changé la couleur de la fleur : elle a circulé dans la tige, les feuilles et la fleur grâce à des tubes, ou vaisseaux.

La vie en pot convient
à quelques plantes,
si on leur donne de
la lumière et de l'eau.

cyclamen

anémones

pensée

Les fleurs coupées
peuvent survivre
dans l'eau. Dans le
noir, les plantes
meurent. Déracinées,
elles se dessèchent.

Elles sont rusées

Pour se protéger, les plantes fabriquent des armes. Elles repoussent les animaux et parfois les hommes qui menacent leur vie.

L'ortie porte des poils piquants.

L'amanite tue-mouches fabrique un poison.

La rose pique.

Le houx griffe.

Le cactus blesse.

Pour se reproduire,
certaines plantes ont
besoin des insectes.
La stapélie fabrique
une odeur forte
qui attire
les mouches.

Le lilas émet
un parfum
délicat.

La fleur de l'ophrys-
abeille imite le dos et
l'odeur de l'abeille.

Savoir s'adapter

De nombreuses plantes vivent dans des milieux très difficiles. Elles s'y sont adaptées de différentes façons.

Le saguaro emmagasine l'eau des orages pour survivre dans le désert.

La renoncule d'eau porte des feuilles découpées sous l'eau, et des feuilles entières à la surface.

Les feuilles du gunnera sont très larges pour capter la lumière et profiter de l'humidité.

Les petites feuilles de l'hebe nain sont épaisses pour lutter contre le froid sec.

En totale harmonie

Le palétuvier vit dans un sol boueux et peu profond. Ses racines-échasses l'ancrent solidement dans la vase, hors de l'eau des grandes marées.

Les bourgeons
du marronnier
sont couverts d'écailles
résistantes qui les protègent
du gel en hiver.

Les lianes grimpent
sur les arbres pour
se développer.
Les épiphytes
se fixent sur
d'autres plantes.

Elles ont une histoire

Au temps des dinosaures, les plantes étaient bien différentes. Elles ont parfois laissé leurs empreintes dans les roches : ce sont les fossiles.

AVANT L'HOMME

AVEC L'HOMME

Le papyrus vit
au bord de l'eau.
Il était utilisé
comme papier
il y a 6 000 ans,
en Égypte.

La vigne est
cultivée depuis
environ 5 000 ans.
Avec ses grappes de raisin,
on fait le vin.

Le maïs était
déjà connu au
Mexique il y
a 4 000 ans.

Sais-tu que...

Sans lumière, la plupart des plantes jaunissent. Le pigment vert, ou chlorophylle, n'est plus fabriqué.

Les forêts dégagent de l'oxygène en grande quantité : des millions de tonnes par an. Elles sont le poumon de la Terre.

Quels sont les gaz dégagés par les plantes ? Beaucoup d'oxygène et de vapeur d'eau, et un peu de gaz carbonique.

Dans le désert, l'ocotillo perd toutes ses feuilles à la saison sèche. Elles repoussent dès qu'il pleut.

Le raphia, palmier d'Afrique et d'Amérique, a des feuilles très longues, pouvant mesurer jusqu'à 20 mètres.

Leur vie

L'âge des plantes

Les plantes n'ont pas toutes la même durée de vie. Celles qui meurent après avoir donné fleurs, graines et fruits sont annuelles.
Les plantes vivaces vivent plusieurs années en donnant fleurs, fruits et graines.

plantes annuelles

plantes vivaces

Certaines plantes du désert n'apparaissent qu'après les pluies et ne vivent que quelques jours.

Le dragonnier, le pin à cône épineux et l'if vivent des milliers d'années.

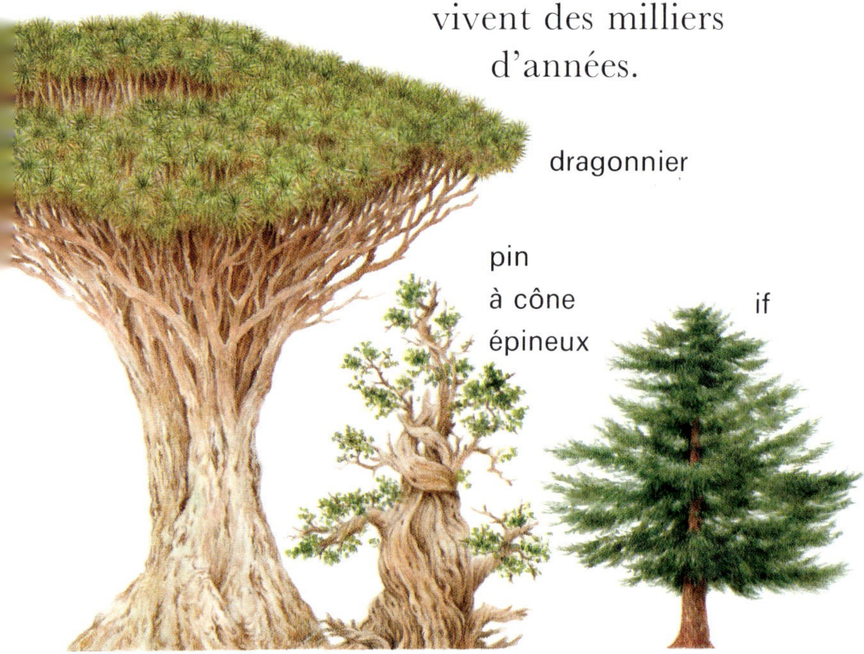

La reproduction

Les fleurs sont les organes de reproduction des plantes à graines. Elles comportent une partie mâle, les étamines, et une partie femelle, le pistil.

Le cœur du tournesol est formé de nombreuses petites fleurs.

Les fleurs minuscules
de l'arum sont cachées dans
un cornet blanc, ou bractée.

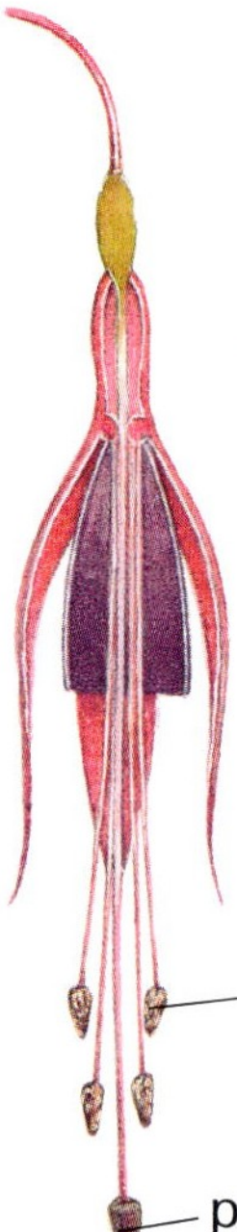

Les étamines du fuchsia
et du lis sont bien
visibles.

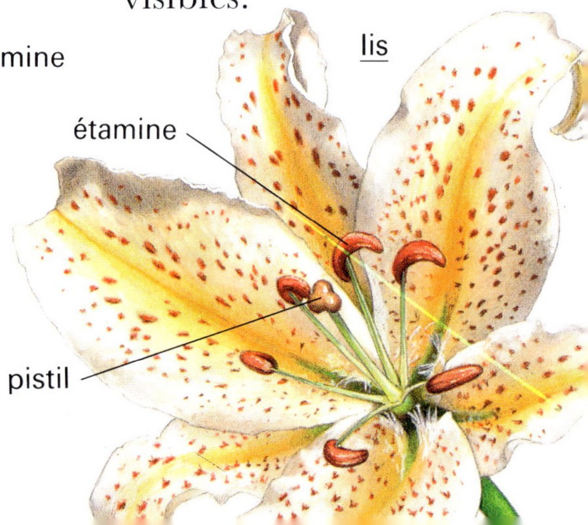

Le rôle du pollen

Les étamines libèrent des grains microscopiques : le pollen, qui féconde les ovules contenus dans le pistil. Le transport du pollen vers les ovules se nomme « pollinisation ».

Le pollen du pin est transporté par le vent vers le pistil d'un autre pin.

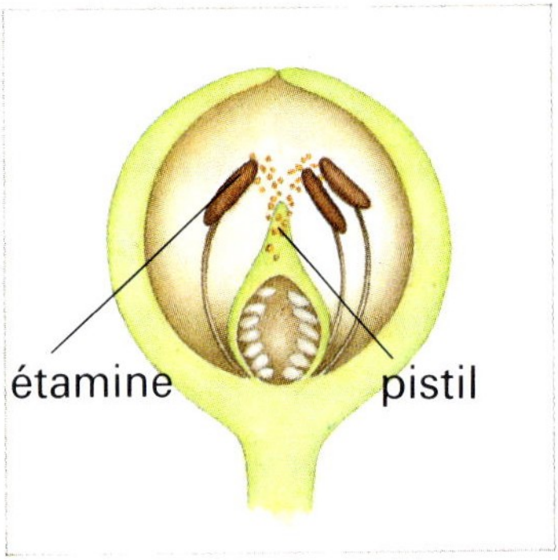

La pollinisation de la violette a lieu entre les étamines et le pistil de la même fleur. Cette plante s'autopollinise.

L'abeille transporte le pollen d'une fleur d'églantier à une autre, sur son dos, tout en butinant.

De la fleur au fruit

Lorsque le pollen se fixe sur le pistil de la fleur, il fabrique un tube qui va permettre la formation d'une graine. Le fruit se développe autour d'une ou de plusieurs graines. Les pétales se fanent.

Le fruit de l'églantier est un akène. Il n'abrite qu'une graine.

Les poires renferment des pépins.

Le potiron porte
des fleurs mâles et
femelles séparées.

Le fruit, qui
contient beaucoup
de graines, se
développe à partir
de la fleur femelle
fécondée par
le pollen
de la fleur mâle.

Les graines à l'abri

Le fruit est l'enveloppe qui protège les graines jusqu'au moment où elles donneront de nouvelles plantes. Certains fruits enferment une seule graine dans un noyau.
D'autres fruits en contiennent plusieurs dans la pulpe.

fruits à noyau

mangue

prunelle

pêche

avocat

fruits à pépins

grenade

kiwi

myrtille

fruit de la Passion

calebasses

La fraise est un faux fruit. Les petits grains extérieurs sont ses vrais fruits.

Les fruits secs sont entourés d'une coque dure qui s'ouvre ou non pour libérer les graines.

Le coquelicot abrite ses graines dans une capsule à couvercle.

Préparées au voyage

Les plantes utilisent différents moyens de transport pour leurs graines : c'est la dispersion. Les graines du pissenlit sont emportées par le vent ; celles de la monnaie-du-pape sont éjectées.

Les glands du chêne oubliés par l'écureuil qui les a enterrés peuvent germer.

La noix de coco fait des kilomètres en flottant sur l'eau.

Les graines de l'éperua voyagent très peu. Elles tombent directement sur le sol.

En mangeant les fruits, les oiseaux laissent échapper les graines.

Les gousses de luzerne voyagent avec leurs graines, accrochées dans la fourrure des animaux.

Les graines germent

Enterrée et arrosée, une graine (ici, celle de la fève) gonfle. Une petite racine apparaît puis pousse vers le bas. Les deux premières feuilles, appelées « cotylédons », sortent de terre, puis la plante grandit.

de la graine à la fève

Le jardinier cultive des fèves en récoltant les graines enfermées dans les cosses.

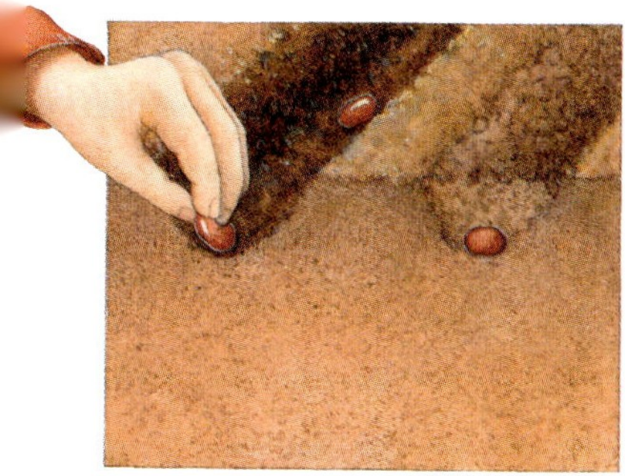

Il creuse un sillon dans la terre puis y dépose les graines. Ensuite, le sillon est recouvert de terre et arrosé.

Lorsque la plante grandit, le jardinier ramène la terre autour du pied pour la maintenir bien droite.

Sans les graines

La reproduction d'une plante peut aussi avoir lieu à partir des racines, d'un bulbe ou de la tige.

La tulipe naît à partir d'un bulbe, ou oignon.

La tige souterraine de l'iris forme chaque année de nouveaux pieds.

coupe d'un oignon

Les écailles de l'oignon sont des feuilles modifiées, chargées de réserves.

Le manioc pousse ▶ à partir de tubercules souterrains, chargés de réserves.

Le fraisier émet ▼ des tiges qui peuvent s'enraciner et donner de nouveaux plants.

Plantes chez soi

En hiver, on peut regarder pousser des fleurs bien au chaud à la maison. Il suffit de placer différents bulbes dans un pot transparent contenant des billes en argile et d'arroser de temps en temps.

Le persil pousse toute l'année. Il suffit de semer ses graines dans un pot.

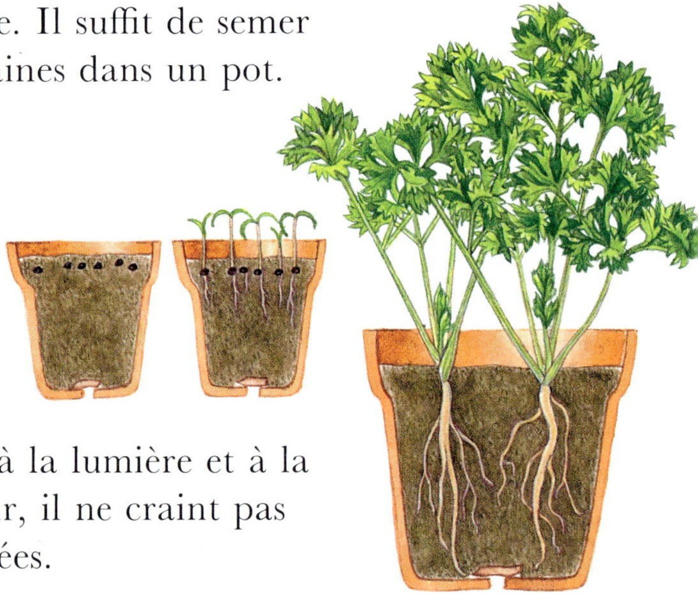

Placé à la lumière et à la chaleur, il ne craint pas les gelées.

Protégées par la serre, les orchidées fleurissent à la lumière artificielle, à tout moment de l'année.

Nos quatre saisons

En hiver, certains végétaux ont perdu leurs feuilles et leurs fleurs, qui ne réapparaîtront qu'à la chaleur du printemps.

Les bulbes de tulipe hibernent sous terre puis germent.

▼

La graine de bouleau germe et grandit. Les tulipes fleurissent.

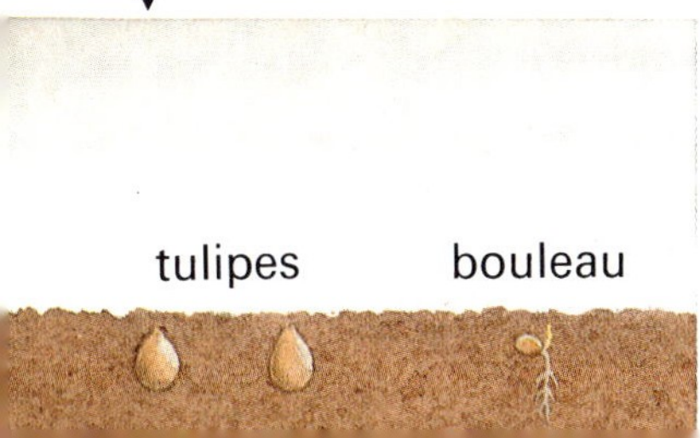

En été, de nombreuses plantes donnent des fruits. À l'automne, certains arbres se colorent en rouge, or ou marron alors que commence la chute de leurs feuilles.

Les tulipes se fanent.
Le bouleau pousse.

Le bouleau se prépare pour l'hiver. Les tulipes se sont multipliées.

D’autres climats

La forêt équatoriale ne connaît pas les changements de saison. La température y est élevée et les pluies abondantes. Cette forêt reste toujours verte.

Dans le désert (1), il ne pleut que très rarement pendant l'année. Dès qu'une averse survient, certaines plantes captent l'eau et fleurissent en quelques jours, recouvrant ainsi entièrement le sol (2). Elles disparaissent ensuite (3).

Sais-tu que...

Les plantes bisannuelles fabriquent des feuilles la première année, des fleurs, des fruits et des graines la seconde année, puis elles meurent.

Dans les pays tropicaux, les chauves-souris et les colibris pollinisent certaines fleurs, en venant consommer leur nectar.

Les graines du lotus peuvent germer après plusieurs siècles d'attente, mais celles du cacaoyer, mourir après quelques jours.

Aux îles Galapagos, il existe une tomate dont les graines germent seulement si elles sont passées par le tube digestif d'une tortue géante.

Les oranges et les pamplemousses sans pépins ont été créés par l'homme. Ces fruits ont perdu leur fonction de reproduction.

Richesse

Cherche les fleurs

La forme des fleurs varie. Elle peut être régulière avec des pétales identiques, pour celle du millepertuis. La fleur de la campanule a la forme d'un tube, celle de la linaire est irrégulière car les pétales sont inégaux.

Sur la plante, les fleurs sont disposées de diverses façons. Regroupées au sommet de la tige comme sur la berce, ce sont les fleurs en ombelle. Des fleurs minuscules rassemblées au cœur d'une grande fleur comme le dahlia forment la fleur composée. Le muguet porte des clochettes réparties le long d'une grande tige : ce sont des fleurs en grappe.

Les plantes d'eau

Rivières, étangs, mares et lacs sont habités par les plantes aquatiques. En général, elles s'enracinent dans le fond et leurs feuilles ainsi que leurs fleurs s'ouvrent à la surface. Les roseaux sur les berges ont des feuilles fines et hautes.

Les feuilles des plantes vivant sous l'eau sont

souvent très découpées pour suivre le courant.

Extraordinaires

Voici des fleurs spectaculaires. Celles du balisier sont enfermées dans de grandes feuilles colorées, appelées bractées.

La fleur de l'aristoloche possède une poche qui attire les mouches.

Les feuilles des plantes-cailloux ressemblent à des pierres, ce qui leur évite d'être mangées par les animaux.

Le népenthès est une plante carnivore, car ses feuilles en forme de réservoirs piègent puis digèrent les insectes.

plante-caillou

népenthès

Étranges

Le séquoia peut mesurer plus de 80 mètres. Il vit très longtemps pour atteindre cette hauteur.

L'arbre bouteille porte bien son nom, car son tronc en forme de bouteille stocke l'eau, rare dans le désert.

L'étonnante racine
de la mandragore
rappelle la silhouette
du corps humain.

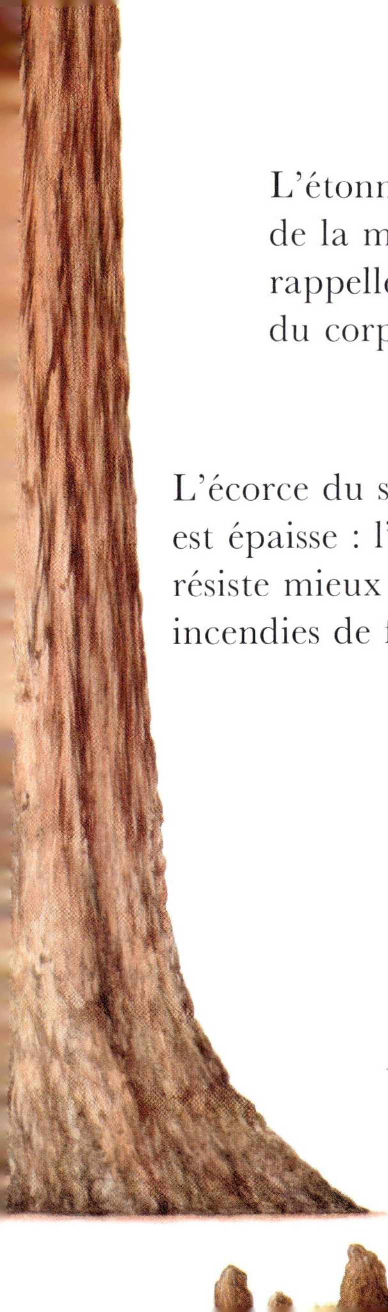

L'écorce du séquoia
est épaisse : l'arbre
résiste mieux ainsi aux
incendies de forêt.

Toutes les racines du
cyprès chauve ne
s'enterrent pas dans
le sol. Elles sortent à
l'air libre pour mieux
respirer.

Étudier les plantes

Des savants, les botanistes, étudient l'alimentation, la croissance ou encore la reproduction des végétaux. Ils ont classé les plantes suivant leurs ressemblances, leur mode de vie...

Plantes sans fleurs

L'algue vit dans toutes les eaux.

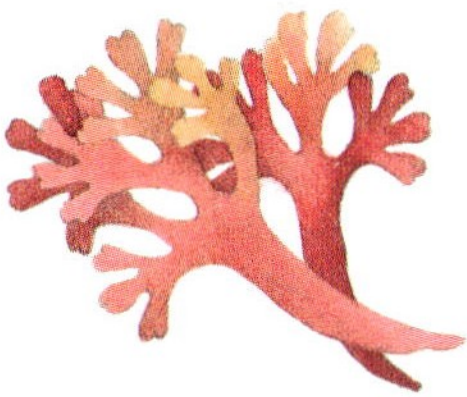

Le champignon n'a pas de chlorophylle.

Le lichen est un champignon uni à une algue.

La mousse et la fougère se reproduisent grâce aux spores.

Le conifère, un arbre qui porte des cônes.

Plantes à fleurs

L'herbe n'a
pas de bois.

Les lianes ont des
tiges grimpantes.

L'arbre est grand.
Il est muni d'un
tronc.

L'arbuste est
plus petit
que l'arbre.

Les algues

Les algues sont presque toutes aquatiques, mais on en trouve aussi sur terre. Elles peuvent être minuscules ou mesurer des dizaines de mètres. Elles n'ont pas de racines.

Algues bleues, rouges, vertes ou brunes, elles possèdent toutes de la chlorophylle.

La lumière leur est
donc indispensable.
Elles se reproduisent
grâce à une gelée.

Les champignons

Les champignons sont sans chlorophylle. Comme les algues, ils n'ont ni feuilles, ni tige, ni racines. Ils puisent leur nourriture dans le sol ou sur d'autres plantes.

cortinaire des Alpes

girolle

morille

Certains champignons vénéneux sont mortels. Il ne faut ni les cueillir ni les toucher.

Le chapeau peut prendre différentes formes.

champignons tropicaux

Les moisissures
que l'on observe sur
des fromages ou
des confitures sont
de minuscules
champignons.

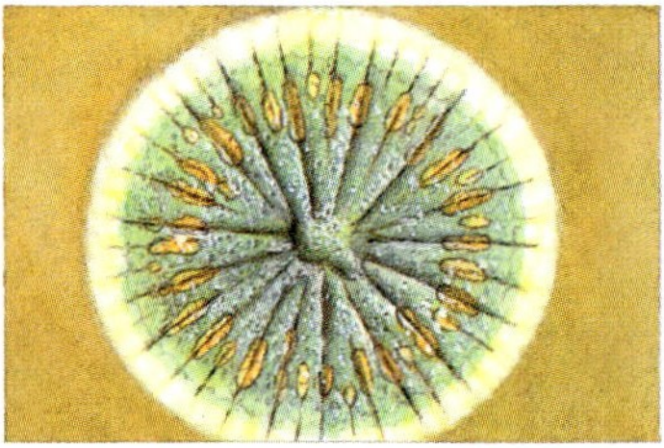

Le chapeau de
la vesse-de-loup
laisse échapper
des spores qui
formeront
de nouveaux
champignons.

La langue-de-bœuf
pousse sur les troncs
d'arbre.

Lichens, mousses, fougères

Le lichen pousse très lentement sur le sol, l'arbre ou la pierre, parfois pendant 4 000 ans.

La mousse grandit et se multiplie dans les lieux humides. Elle est formée de minuscules tiges et feuilles.

Les feuilles de la fougère produisent des spores qui tombent sur le sol et permettent leur reproduction.

Les conifères

Les arbres appelés « conifères » portent des cônes qui durcissent (pommes de pin) ou qui deviennent charnus (baies). Leur bois est imprégné de résine qui le protège de l'humidité.

mélèze

épicéa

cyprès
de Nootka

Leur feuillage est persistant car, à l'automne, les aiguilles ne tombent pas, sauf celles du mélèze.

▲ Au temps des dinosaures, le ginkgo existait déjà : c'est un fossile vivant, « cousin » des conifères !

séquoia pleureur

Plantes à fleurs

Les plantes sortant de terre avec un cotylédon ont des feuilles dont les nervures sont parallèles entre elles.

Les plantes à deux cotylédons ont des feuilles dont les deux faces sont différentes. La nervure principale est nettement visible.

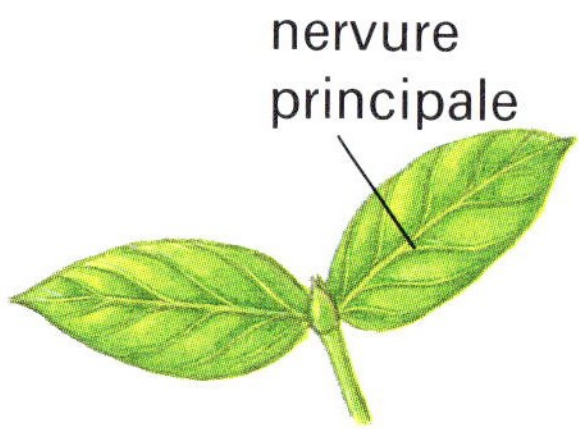

Arbres et arbustes

Arbres, arbustes et lianes portent aussi des fleurs. Certaines sont magnifiques, comme celles du magnolia, du rhododendron et de la passiflore.

L'écorce de l'arbre protège le bois composé d'anneaux qui se forment tous les ans. Les plus anciens sont au cœur du bois.

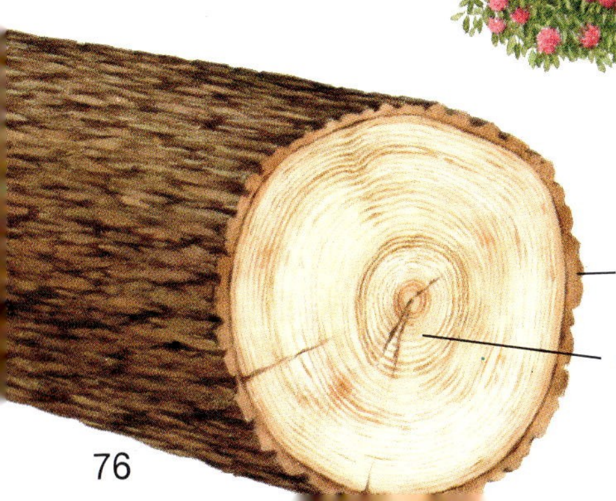

une liane : la passiflore

À l'automne, certains arbres, comme l'érable, perdent leurs feuilles, qui ne supportent pas le froid de l'hiver.

érable

Toutes utiles

Grâce à la lumière du soleil, les plantes poussent et servent d'aliments aux animaux. Plantes mortes et déchets d'animaux sont transformés par des insectes et des vers de terre en minuscules aliments nourrissant à leur tour les plantes.

Le bambou protège le panda. Il est sa seule nourriture.

Les arbres abritent des oiseaux qui nichent et mangent les insectes parasites. Ils sont parfois envahis par d'autres plantes. Ce sont des lieux de vie.

Forêts en danger

L'incendie de forêt est une catastrophe, car il détruit la nature. Pour protéger les bois, n'allumons pas de feu par temps sec ! Quand un feu se déclare, certains avions, appelés « Canadairs », déversent de l'eau pour l'éteindre.

Certaines grandes forêts risquent de disparaître dans le monde, car on abat plus d'arbres qu'il n'en repousse.

Plantes à protéger

La construction des villes, les déchets de l'industrie, les incendies et les engrais pour l'agriculture détruisent la nature. Certaines plantes risquent de disparaître pour toujours.

dionée gobe-mouches

nielle des blés

trientale d'Europe

Geishoriza radians

eucalyptus

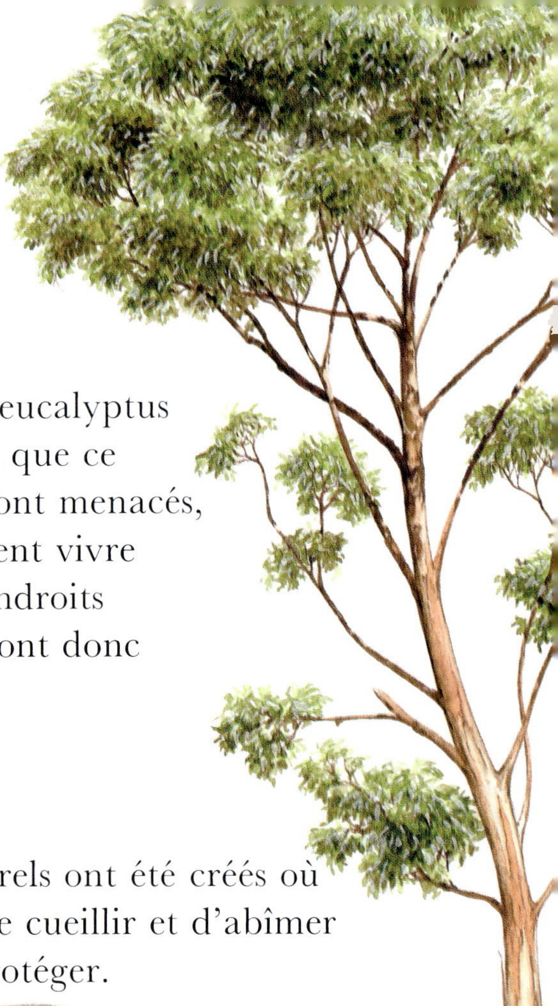

Cette espèce d'eucalyptus
australien ainsi que ce
bouleau nain sont menacés,
car ils ne peuvent vivre
que dans des endroits
très limités et sont donc
très fragiles.

Des parcs naturels ont été créés où
il est interdit de cueillir et d'abîmer
les plantes à protéger.

bouleau nain

Sais-tu que...

Le nénuphar géant *Victoria regia* est une très grande plante aquatique. Ses feuilles peuvent supporter le poids d'un enfant.

Le wolffia, sans racines, est la plus petite des plantes à fleurs du monde. Cette lentille d'eau flottante mesure 0,5 mm de diamètre.

Les plus grands séquoias dépassant 80 mètres contiendraient chacun assez de bois pour fabriquer 5 milliards d'allumettes !

L'Algérie a planté une forêt continue de 5 km de large pour freiner la progression du désert vers le nord : en effet, les arbres retiennent le sol.

La nielle des blés a presque totalement disparu des champs de blé à cause des désherbants.

Plaisir

Un jardin chez soi

Les plantes peuvent bien sûr pousser à l'intérieur de nos maisons. Elles seront alors choisies pour la beauté de leurs fleurs ou de leur feuillage, mais aussi pour leur facilité d'entretien.

Certaines ont besoin de soleil et d'humidité, d'autres supportent l'ombre.

La petite taille de certaines plantes permet de réaliser un vrai jardin miniature.

La terrasse accueille des espèces moins fragiles et plus volumineuses.

La multiplication

Pour remplacer une vieille plante ou en obtenir d'autres, on pratique la multiplication à partir de certaines parties de cette plante.

Le chlorophytum produit de jeunes plantes, ou plantules, s'enracinant dès la mise en pot.

Placée en terre, une feuille, appelée bouture, émet une plantule au bout de quelques semaines.

Au printemps, une tige placée dans l'eau fabrique des racines et peut être replantée.

Des rejets partent de la tige principale d'une plante. Détachés et empotés, ils grandissent vite et donnent une nouvelle plante.

Certaines plantes forment des touffes. Elles peuvent être divisées et replantées séparément.

La santé des plantes

Les insectes qui sucent la sève et les champignons parasites menacent la santé des plantes.

Beaucoup de petits animaux sont, au contraire, utiles : le lombric aère leurs racines et la coccinelle dévore les pucerons ravageurs.

Les plantes en pot réclament des soins. Des cailloux évitent le pourrissement des racines dans l'eau.

Pendant une longue absence, comme les vacances, une mèche conduit l'eau de la bouteille vers la plante.

Il est souvent utile de vaporiser le feuillage lorsque l'air est trop sec.

En bouquets

Les fleurs, cultivées ou sauvages, peuvent être séchées la « tête » en bas pour conserver leur beauté, même en hiver.

Ces fruits appelés « coloquintes » sont cultivés pour leur forme et leurs couleurs décoratives.

Composer de beaux
bouquets est un art.
Les fleuristes en
proposent avec
des fleurs fraîches
ou séchées.
Nous pouvons en créer
avec des fleurs des
champs ou du jardin.

Conserver les plantes

Dans des sachets de tissu, ou mélangées ou non en pots, des bois râpés, comme le santal, des écorces, des pétales séchés ou la racine d'iris en poudre parfument armoires et maison.

Pétales de rose ou racine d'iris entrent dans la composition des parfums.

racine d'iris de Florence

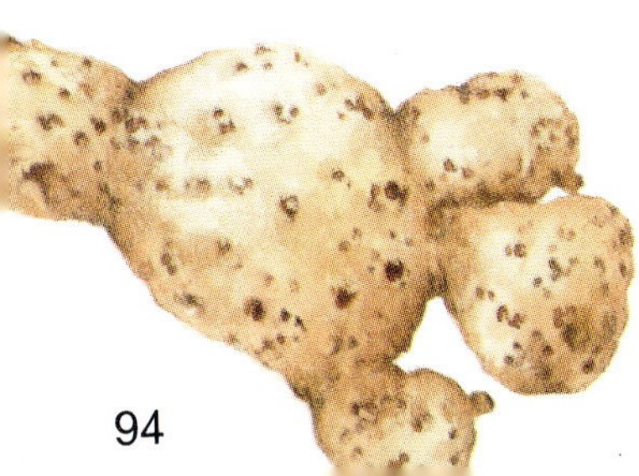

rose de Damas

Pour conserver les plantes et les reconnaître, tu peux en cueillir quelques-unes, les faire sécher et les coller sur des feuilles de papier qui, rassemblées, forment un herbier.

Pour aplatir et faire sécher les fleurs, il suffit de les placer dans une presse.

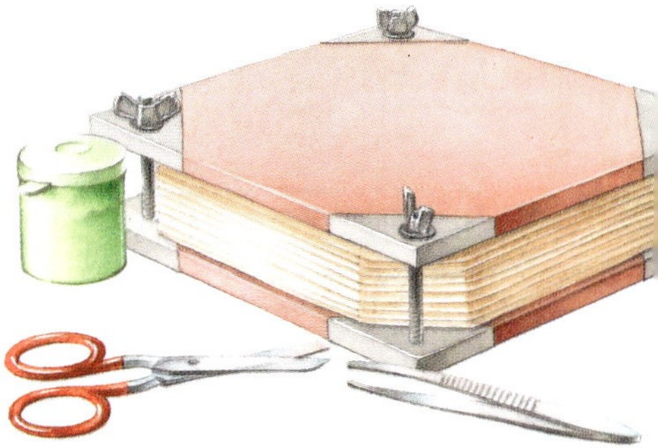

Un mois après, étale et fixe les plantes avec du papier collant. Écris leur nom, la date et l'endroit où tu les as trouvées.

Sais-tu que...

Les fleurs ne s'ouvrent pas toutes à la même heure : le géranium le matin, l'œillet vers midi et la belle-de-nuit le soir.

La rose des sables, dont la forme rappelle les pétales d'une rose, est faite de grains de sable figés par le vent et le gel du désert.

Les hommes ont inventé un « langage » des fleurs ; ainsi, le muguet porte bonheur et la rose rouge signifie l'amour passion.

Le bonsaï est un arbre miniature. En japonais, ce mot veut dire « cultiver des arbres dans des coupes peu profondes ».

La pomme d'ambre s'offre pour parfumer les placards. C'est une orange piquée de clous de girofle et roulée dans les épices.

Pour obtenir un litre d'huile de rose, il faut 100 000 roses.

Se nourrir

Les légumes

Voici quelques plantes du potager dont tu manges les feuilles (la salade), les racines (la carotte), les tubercules (la pomme de terre), les fleurs (le chou-fleur), la base des feuilles

(la bette) ou encore les fruits (les haricots verts). Nous les mangeons crues, râpées ou en rondelles, cuites, en purée ou en gratin. Elles sont riches en vitamines et en calcium.

Les fruits

Les fruits, comme les pommes, ont un goût sucré.

Une fois son enveloppe cassée, la noix de coco se consomme fraîche avec son lait, ou râpée.

La figue de Barbarie est douce à manger, mais pas à cueillir !

Les bananes, groupées en régime, sont plus digestes une fois mûres.

La pulpe juteuse et parfumée de l'orange est très riche en vitamines C.

Fruits et sucres

La coque dure des fruits secs conserve longtemps leur graine, qui nous apporte de l'énergie pendant l'hiver.

Nous pouvons manger toute l'année les fruits de l'été, séchés au soleil.

Préparés en confiture, en salade ou dans un gâteau, les fruits font la joie des gourmands !

1

2

À partir de la betterave sucrière (1) ou de la canne à sucre (2), on fabrique le sucre.

Dans leur ruche, les abeilles transforment le liquide sucré, ou nectar, en miel.

Aromates et épices

Les aromates parfument les plats que nous mangeons. Fraîchement coupées ou séchées, ces plantes se boivent aussi en tisanes.

thym

laurier

basilic

menthe

coriandre

estragon

Les épices relèvent le goût des aliments. Elles sont très fortes, comme le piment, ou douces et sucrées, comme la vanille. Ce sont des fruits, des racines, des fleurs séchées, ou encore des graines.

La vanille est le fruit d'une orchidée, le vanillier.

1 piments
2 cannelle
3 gingembre
4 muscade
5 clous de girofle
6 poivre
7 curcuma
8 safran

Céréales et huiles

Les céréales sont cultivées pour leurs grains, que nous consommons en farine, soufflés ou cuits à l'eau. Elles nourrissent aussi les animaux.

blé maïs riz mil

Les fruits et les graines de certaines fournissent de l'huile végétale, pour cuisiner. Celle-ci contient des vitamines indispensables ; mais en consommer trop n'est pas bon pour la santé.

Des plantes à boire

La centrifugeuse permet d'extraire le jus des fruits. Les jus mélangés donnent des cocktails épais ou liquides. Cela dépend des fruits !

L'arôme du café est puissant.

Le thé est tonique et désaltérant.

Le chocolat est fabriqué
à partir des fruits du
cacaoyer : les cabosses.

Les graines de
la cabosse, ou fèves,
sont séchées
et grillées.

Du broyage des fèves
naît la pâte du cacao pur.
Brassée dans des cuves
contenant du sucre,
elle est transformée
en chocolat.

Dans des bennes,
les amandes et les
noisettes sont enrobées
de chocolat.

Sais-tu que...

La pâte à sel, fabriquée avec 200 g de sel mélangés à 200 g de farine et un verre d'eau, permet de réaliser bijoux et décorations.

Les « yeux » de la pomme de terre sont de petits bourgeons capables de donner une nouvelle plante.

Les graines de soja, contenant beaucoup de protéines, sont broyées puis cuisinées pour ressembler à un steak.

Depuis plusieurs milliers d'années, les Chinois et les Japonais utilisent des algues pour leur alimentation.

Le « bouquet garni » classique se compose d'un brin de thym, d'une feuille de laurier et de persil. Il parfume les plats cuisinés.

Transformer

les plantes

Soins et beauté

La teinture d'arnica soigne les « bleus ».
La sève du pissenlit guérit les verrues.
La tisane au tilleul prépare au sommeil.
L'eau de mélisse apaise les vertiges.

arnica

pissenlit

tilleul

mélisse

Les produits de beauté aux plantes sont souvent vendus sous forme de crème et de lotion. Mais le masque au concombre peut se fabriquer à la maison.

Lors de fêtes, des Indiens de la forêt amazonienne utilisent des extraits de plantes pour se peindre le corps. Le rocou, extrait des graines, colore en rouge peau et cheveux. Il protège des piqûres d'insectes.

Construire et fabriquer

Le bois de l'arbre est transformé en poutres, en planches et en bûches pour construire, meubler et chauffer les maisons.

Le liège, écorce du chêne-liège (1), décore les murs, recouvre les sols.

La tige très solide
du bambou permet
de bâtir clôtures
et maisons.

La tige flexible
du palmier rotang
s'emploie pour faire
des meubles en rotin.

Les rameaux souples
du saule appelé
« osier » servent à
tresser des paniers.

L'avenir

Les forêts tropicales abritent des milliers de végétaux et d'animaux, mais, aujourd'hui, elles risquent de disparaître. Pour aider à les protéger, les scientifiques les étudient au sol, par des passerelles entre les arbres, et grâce à un « radeau des cimes » qui se pose sur le dessus des arbres.

Des savants, les biologistes, étudient la vie des végétaux. Ils parviennent à cultiver une plante sans terre en pulvérisant régulièrement sur ses racines une solution qui la nourrit.

Ils tentent de créer une super-carotte très riche en vitamine A, à cultiver là où les populations ont faim.

Comme les plantes ?

Dans certains pays, les habitants ont élevé leurs maisons sur pilotis. Ceux-ci sont formés de grosses pièces de bois solidement enfoncées dans le sol. Ils résistent à l'enlisement, tout comme les racines-échasses soutiennent le palétuvier.

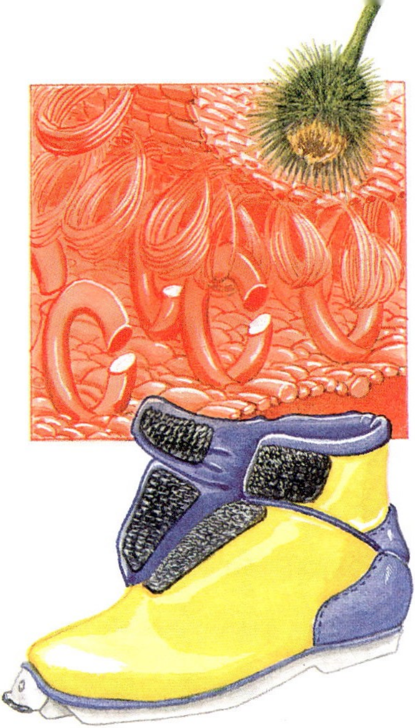

La fleur de
bardane a servi
de modèle pour
le Velcro :
des crochets
qui se fixent
sur des petites
boucles.

Les pales de l'hélicoptère
tournent comme les fruits
ailés de l'érable.

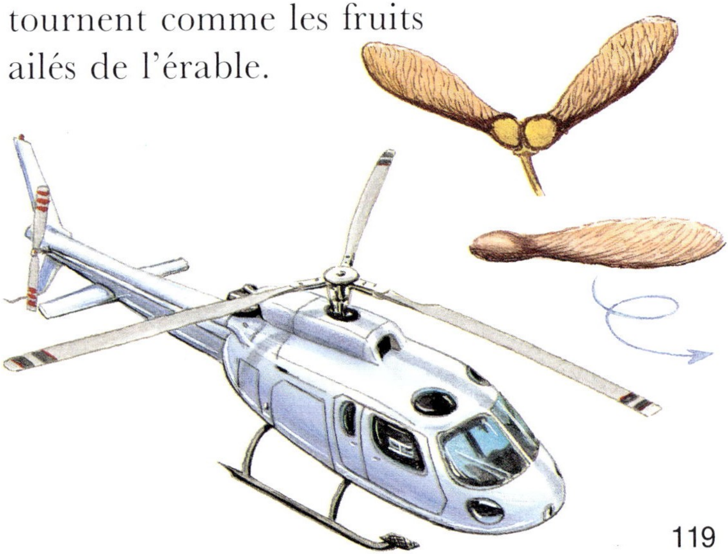

Sais-tu que...

Les hommes utilisent encore de nombreuses plantes pour se soigner. Beaucoup de médicaments actuels sont d'origine végétale.

Les fibres du coton proviennent des fruits du cotonnier, cultivé dans les régions chaudes du globe.

Le caoutchouc provient de l'hévéa, cultivé dans les pays tropicaux, dont on entaille l'écorce contenant un jus blanc laiteux appelé « latex ». Mais aujourd'hui, le caoutchouc est synthétique.

La première plante de l'espace est l'Arabidopsis, cultivée à bord du vaisseau spatial soviétique Saliout 7, en 1982.

Le cirier du Mexique produit de la cire végétale, à partir de ses fruits cuits à la vapeur puis fortement pressés.

Cherchons de A à Z